AF564068

LE PARTI, LA CAUSE

ET

LE PRINCE NAPOLÉON

DISCOURS

PRONONCÉ A TOURS, LE 30 MAI 1880

PAR

M. E. PASCAL

ANCIEN PRÉFET, ANCIEN CONSEILLER D'ÉTAT

BIBLIOTHÈQUE NAPOLÉONIENN

VICTOR DAIREAUX, ÉDITEUR

(*Ancienne Maison Henri GUÉRARD*)

156, RUE DE RIVOLI, PARIS

Discours de M. Pascal à la Sauve

1 Exemplaire	....	0 fr. 15
100 —	....	10 fr.
1000 —	....	90 fr.

Biographie du Prince Napoléon

1 Exemplaire	....	0 fr. 15
100 —	....	10 fr.
1000 —	....	70 fr.

Lettre du Prince Napoléon, avec commentaires

1 Exemplaire	....	0 fr. 10
100 —	....	9 fr.
1000 —	....	60 fr.

Discours de M. Lenglé, député, prononcé à Belleville

1 Exemplaire	....	0 fr. 15
100 —	....	10 fr.
1000 —	....	60 fr.

Discours de M. Cunéo d'Ornano, député, prononcé à Belleville

1 Exemplaire	....	0 fr. 15
100 —	....	10 fr.
1000 —	....	60 fr.

La Violette. — Almanach des Napoléons

1 Exemplaire	....	0 fr. 50
100 —	....	35 fr.
1000 —	....	300 fr.

LE PARTI, LA CAUSE

ET

LE PRINCE NAPOLÉON

DISCOURS DE M. E. PASCAL

MESSIEURS,

Comment se fait-il que ce parti qui met toutes ses espérances dans la volonté du pays librement et directement consulté, qui n'invoque d'autre droit que la souveraineté nationale, qui déclare s'incliner respectueusement devant son arrêt, ait permis que depuis dix ans on l'associe à je ne sais quelle réaction aveugle dont les espérances et les provocations révoltent la conscience et offensent la raison? Comment se fait-il que, victime de la force et du plus odieux de tous les coups de force, il passe pour en être l'apologiste et le théoricien? Comment se fait-il enfin que ce second Empire qui restaura le suffrage universel, mutilé par une assemblée royaliste, soit perpétuellement dénoncé comme l'oppresseur de cette démocratie dont il sauvegarda les droits, dont il défendit les intérêts et sur laquelle il étendit cette activité bienfaisante dont le souvenir écrase la stérilité de notre temps?

Ces récriminations, qui se présentent à mon esprit au moment où j'aborde cette tribune, jettent sur la discussion, à laquelle je voudrais convier tous les esprits sincères, je ne sais quelle équivoque pénible qu'il me paraît utile de dissiper.

Et d'abord, messieurs, laissez-moi vous poser une question à laquelle je vous demanderai de répondre avec une entière franchise. Croyez-vous que de telles attaques eussent trouvé auprès de l'opinion publique un si facile crédit, croyez-vous qu'elles eussent réussi à éloigner de nous une portion si considérable du suffrage universel, si elles ne reposaient que sur la mauvaise foi et sur la malveillance? Ne croyez-vous pas au contraire que ce grand parti napoléonien, qui seul a le secret des solutions durables, (Très bien! très bien!) a dû subir des altérations profondes qui expliquent en partie ce délaissement momentané? Ah! je sais bien que dans cette transformation ou plutôt dans cette déviation du parti bonapartiste, il importe de faire la part des événements considérables qui dominent la volonté et déjouent tous les calculs de la sagesse humaine; mais, croyez-moi, la situation est assez grave, notre responsabilité est assez directement engagée dans les complications de l'heure actuelle, pour que nous nous préoccupions dès à présent de susciter toutes les forces vives de la démocratie plébiscitaire. A quoi bon se draper dans un orgueil stérile? Reconnaissons loyalement qu'il y a eu des fautes commises, et si je ne craignais pas de m'attribuer une importance que rien ne justifie, j'en réclamerais hautement ma part, ma très large part. (Très bien!) N'hésitons pas à reconnaître que les fautes commises ont puissamment contribué à développer l'influence, à accroître l'autorité de nos adversaires. (Approbation.)

Ces fautes, pourquoi ne les rechercherions-nous pas ensemble? On me dira peut-être : Vous allez accuser des dissentiments, susciter des contradictions, provoquer des polémiques. Et pourquoi pas? Est-ce que vous croyez par hasard que nous pouvons soustraire au public ce travail de reconstitution nécessaire qui se fait parmi nous? Est-ce que nous ne sommes pas un parti de suffrage universel et de souveraineté nationale? Est-ce que notre premier devoir n'est pas de dire à ce pays, à ce grand pays qui nous observe et qui dans quelques mois peut-être aura le droit de nous juger, ce que nous sommes et où nous voulons le conduire?

Arrière donc ces timidités équivoques, ces prudences évasives, ces réserves alambiquées dont quelques salons peuvent s'accommoder. — Allons droit au peuple, messieurs, et devant lui faisons courageusement notre examen de conscience. — C'est là ce que je viens vous proposer aujourd'hui. (Applaudissements prolongés.)

Je vous remercie de m'avoir fourni l'occasion d'aborder ce sujet délicat dans cette Touraine qui est vraiment le cœur de notre France et qui en a au plus haut degré toutes les qualités, tous les charmes et tous les dons, où je suis sûr de trouver cette courtoisie cordiale, ce bon sens aiguisé, cette mesure exquise qui m'encourage et me rassure et dont j'essayerai de ne pas abuser. Je m'y appliquerai, messieurs, pour rester digne de votre hospitalité et aussi, permettez-moi de le dire, pour reconnaître l'honneur qui nous est fait par l'homme éminent (1) qui a bien voulu présider cette réunion, dont le nom résume toute une tradition de dignité, d'éloquence et de patriotisme, qui fut l'éclat du Sénat quand nous avions un Sénat, et l'honneur de notre diplomatie, quand nous avions une diplomatie. (Applaudissements et bravos prolongés.)

Quelle était au lendemain de nos désastres, quand la France exténuée comprit enfin ce que lui coûtaient les folies de la guerre à outrance, quelle était la situation du parti de l'Empire, dont quelques amis fidèles venaient, comme par miracle, d'entrer dans l'Assemblée nationale réunie à Bordeaux?

Le parti bonapartiste, ne l'oublions pas, se trouvait placé entre une majorité royaliste enivrée de son triomphe, infatuée de son mandat, dont elle méconnaissait l'étendue et le caractère, et une insurrection formidable qui semblait menacer les derniers débris de notre unité nationale. Le parti bonapartiste ne pouvait pas hésiter. Il s'enrôla dans l'armée de la loi, qui, pour le malheur de ce pays, était une armée royaliste. J'insiste sur ce souvenir douloureux, car c'est là, dans cette union nécessaire, imposée par le péril public et acceptée par nos amis avec une louable abnégation, que vous trouverez l'origine de ces alliances funestes, de cette communauté d'action, dont nous n'avons

(1) M. le baron Brénier, ancien ministre des affaires étrangères, ancien ambassadeur, ancien sénateur.

pas pu nous dégager depuis dix ans. (Très-bien! très-bien!)

On a dit que M. Thiers, vainqueur de la Commune, pouvait sur ses ruines relever la monarchie. Je me permettrai de ne pas partager cet avis. C'est oublier bien vite avec quelle rapidité l'opinion publique se détourna de cette majorité royaliste, aussitôt que le pays, s'étonnant de son œuvre, vit dans cette Assemblée qu'il n'avait nommée que pour faire la paix, l'instrument possible d'une restauration dont il repoussait l'éventualité avec terreur. Toute tentative de ce genre eût soulevé la province, réveillé des ressentiments implacables et rallumé aux quatre coins du pays les foyers de la guerre civile. M. Thiers, qui d'ailleurs n'avait aucun goût pour jouer les Monk (on rit), résista aux passions royalistes de la Chambre et devint pour elle un ennemi. C'est alors, messieurs, c'est sous l'influence des garanties que M. Thiers donnait au pays contre tout retour offensif de l'ancien régime, que nous avons vu se développer l'opinion républicaine, le parti républicain se relever de son discrédit, faire tous les jours des recrues importantes et se poser enfin en parti national. M. Thiers, aidé par l'hostilité d'une majorité royaliste, avait fait accidentellement de la république le gouvernement des *bleus.* Ce fut là, ne l'oublions jamais, tout le secret des succès croissants de la forme républicaine. La démocratie s'y porte naturellement et comme par un mouvement instinctif aussitôt qu'un Napoléon n'est plus là pour la défendre et pour la rassurer. (Applaudissements.)

Je me suis demandé quelquefois comment le parti bonapartiste se trouva entraîné dès le premier jour dans une campagne d'hostilité passionnée contre M. Thiers, dont la résistance aux sentiments royalistes de la Chambre s'accordait si bien avec ses intérêts. N'y avait-il pas d'ailleurs entre M. Thiers et le parti bonapartiste bien des points communs et, pour n'en citer qu'un, n'était-on pas d'accord avec lui pour résister à ces réformateurs maladroits, à ces libéraux naïfs qui ne paraissaient avoir d'autre souci que de désarmer l'Etat et de porter sur notre organisation administrative, fille de l'Empire, une main si inexpérimentée? (Très-bien! très-bien!) Il y a eu là peut-être et dès le début, une fausse orientation, une première faute commise; mais je ne veux pas insister, car nous ne saurions oublier qu'en s'appuyant sur les hommes du 4 septembre, M. Thiers subissait leurs plus détestables passions et tous les jours, pour leur donner des gages, poursuivait nos amis avec une violence dont l'expédition de Millemont fut assurément l'un des plus scandaleux attentats. (Très bien!)

Quoi qu'il en soit, le parti bonapartiste se trouva dès la première heure, sous la double influence d'un grand devoir et d'une grande inimitié enrôlé, comme malgré lui, dans l'armée réactionnaire. Il livra avec elle la bataille du 24 mai et prit une part active à cette victoire qui devait lui coûter si cher. (Très bien! très bien!)

C'est ici, messieurs, que les grandes responsabilités se dessinent, c'est ici vraiment que nous touchons au point capital de ce que je me permettrai d'appeler la déviation initiale. — A partir de ce jour, on peut dire que le parti bonapartiste s'est transformé, il a perdu sa physionomie propre; il a cessé d'être un parti de protestation démocratique pour devenir un parti de coalition et, ce qui est pire, un parti de droite parlementaire. (C'est cela, très bien!)

Ce danger n'échappa jamais à l'esprit sagace de l'homme d'Etat éminent, que nous entourons de notre reconnaissance et de nos respects, et dont la fidélité a été comme consacrée par le dernier souvenir du Prince accompli dont nous portons le deuil. (Sensation.) Nous l'avons vu épuiser ses forces, dépenser son autorité pour maintenir au sein de cette coalition qui le débordait l'indépendance d'un état-major dont les entraînements réactionnaires échappaient à toute discipline. Et comment pouvait-il en être autrement? Comment, après avoir livré la bataille, se séparer brusquement de ses alliés, priver ses amis du fruit de la victoire, les exposer à l'hostilité d'une administration dans laquelle la plupart d'entre eux retrouvaient d'anciens amis? comment rallier enfin son armée sur le terrain de l'Appel au peuple, quand l'Appel au peuple n'était plus qu'une espérance, et une espérance ajournée à sept ans!

Le parti bonapartiste entra dans cette majorité impopulaire et discréditée, et malgré ses chefs, il s'associa à la plupart de ses actes et de ses entreprises. Il y fut reçu d'assez mauvaise grâce d'ailleurs et comme un allié dangereux dont il faut surveiller les démarches. Je ne veux pas faire l'histoire de cette captivité douloureuse. J'en pourrais cependant rappeler quelques épisodes intéressants. J'ai été, par les hautes fonctions que j'occupais alors, mêlé à quelques-unes de ses crises les plus graves, — et permettez-moi de rappeler ici un souvenir personnel. C'est à ce moment, c'est à cette heure décisive que la lumière s'est faite dans mon esprit, et qu'après avoir reconnu l'inanité de ces combinaisons ingénieuses, de ce conservatisme indéterminé, cher aux parlementaires illustres, contre lesquels aucune parole amère ne tombera de mes lèvres, car je n'oublierai jamais ce que je leur dois, (Très bien!) c'est après avoir compris qu'aux yeux de cette démocratie que trente-deux ans de suffrage universel ont rendue indestructible, l'autorité, la paix sociale et religieuse, le travail, le progrès fécond et durable, sont inséparables de cette race des Napoléons, dont le nom résume pour elle toutes ces conquêtes et tous ces bienfaits, c'est après avoir compris tout cela, messieurs, que je suis venu, à l'heure de la défaite, me placer sous votre drapeau. (Applaudissements prolongés.)

Quelques bonapartistes, dont il ne me sied pas de rechercher les mobiles, semblent me le pardonner difficilement. Je ne me plains pas de leurs injures, car je leur dois une notoriété à laquelle je n'aurais jamais osé prétendre, et pour toute vengeance je leur laisse le soin de concilier leur intolérance avec l'intérêt de ce qu'ils veulent bien appeler encore leur parti. (Très-bien! très bien!)

Qu'était-ce donc, messieurs, que l'union conservatrice qui devint peu à peu la formule de cette coalition parlementaire dans laquelle nous estimons que le parti bonapartiste a désappris ses origines, sa doctrine et ses traditions?

L'union conservatrice était une théorie de circonstance qui consistait à isoler, par une opération intellectuelle, les intérêts permanents de toute société humaine, des gouvernements qui les ont successivement représentés ou défendus. Et après avoir établi, un peu arbitrairement peut-être, que la république est impuissante à les protéger, elle consistait à dire aux royalistes : Renoncez à la royauté; — aux impérialistes: Renoncez à l'Empire, — et puis mettez en commun tout ce qui reste. (Hilarité prolongée.) Oui messieurs, c'est par cette belle opération qu'on avait la prétention de présenter au peuple, la main dans la main et sous le même drapeau, les fils de 89 et ceux qui en sont les ennemis implacables! Je ne puis pas croire qu'il y ait encore des hommes politiques assez aveugles ou assez naïfs pour s'obstiner à ressusciter ce néant! (Applaudissements prolongés.)

Ah! si j'avais le temps de faire passer sous vos yeux le tableau d'une élection au beau temps de l'union conservatrice et de la trêve des partis, comme il me serait aisé de vous faire toucher du doigt les raisons de notre impuissance devant le suffrage universel! comme j'aimerais vous faire le portrait du parfait candidat, chargé officiellement de confondre dans un même amour trois dynasties, deux drapeaux, l'autorité et la liberté, je ne sais plus quoi encore... (Rires.) On ne pouvait pas toujours, vous le comprenez bien, mettre la main sur un objet si rare. Et puis il vous arrivait quelquefois de jeter dans les jambes du préfet quelque candidat plus hardi ou plus discipliné, qui fièrement levait le drapeau de l'Appel au peuple. Le gouvernement protestait au nom de la trêve des partis. Il fallait négocier. On allait à la recherche de circonlocutions ingénieuses, de périphrases compliquées, et généralement on se mettait d'accord, — quand on avait trouvé le moyen de ne rien dire. (Hilarité.) Si le candidat résistait à ces exigences, il était combattu par le gouvernement. Mais alors se produisait ce phénomène singulier ; le rebelle déclarait qu'une fois élu il ne se séparerait pas de ses amis de Versailles et promettait de donner un appui sans réserve au Maréchal et à ses ministres, qui ne le faisaient pas moins combattre par leur représentant ! — Non, je ne crois pas que l'histoire ait gardé le souvenir d'une confusion si lamentable, le souvenir de plus niaises contradictions. (Applaudissements.)

Nous en étions là, inquiets, troublés et, quoi qu'on dise aujourd'hui, profondément découragés par l'état de l'opinion qui nous confondait de plus en plus avec les champions d'une réaction royaliste, dont nos principes sont la négation traditionnelle, et dont l'impopularité nous écrasait, attristés, de voir ce jeune Prince si digne de son nom, si bien fait pour continuer l'œuvre de sa Maison, caché aux yeux du peuple par des alliés compromettants qui masquaient son drapeau et défiguraient sa cause, quand éclata le 16 mai.

Je ne veux pas en raconter l'histoire ; car j'aurais sur son origine et sur sa légitimité, à défendre une opinion qui n'est pas celle de la plupart de nos amis. Pouvions-nous nous séparer du 16 mai?

J'estime qu'il était trop tard pour le faire honorablement. On n'a pas le droit d'isoler un incident si important des événements qui l'ont précédé et qui entraînent des compromissions dont on ne se dégage pas sans assumer des responsabilités redoutables. Le 16 mai était le dernier épisode de la campagne réactionnaire dans laquelle nous étions engagés depuis 1871. Nous devions l'accepter et le servir, sous peine de passer pour des déserteurs. Nous sommes restés fidèles à nos précédents et à nos engagements. Nous avons été vaincus avec lui; c'était la fin et comme le châtiment de l'Union conservatrice. (Très bien! très bien!)

Voilà comment, voilà après quelles contradictions, après quelles incohérence, après quels effacements, le parti bonapartiste s'est trouvé enlacé dans les intrigues parlementaires et comme enveloppé par cette majorité royaliste dont il devait partager l'impopularité. (Applaudissements.)

Eh bien, j'en appelle à votre bonne foi, est-ce qu'en parcourant la route que nous venons de suivre ensemble, vous n'avez pas senti qu'à chacune de ses étapes nous nous écartions des grandes voies napoléoniennes? Est-ce que vous n'avez pas senti que nous perdions le sentiment des grands courants qui portent les solutions définitives, de ces courants que le prince Louis Napoléon, en 1848, découvrait sous les eaux dormantes d'une oligarchie égoïste dont il ne craignait pas de braver les colères et les préjugés? Est-ce que vous n'avez pas senti glisser de vos mains ce drapeau de la révolution française dont les principes nous ont depuis dix ans trouvés si souvent dédaigneux ou indifférents? (Approbation.)

Par bonheur, pendant que le parti bonapartiste, échappant à la direction de ses chefs, s'engageait par une série de déviations successives dans la coalition royaliste, un prince qui ne pouvait avoir ni le souci ni les préoccupations intéressées du pouvoir, qui n'apportait dans la politique que les inspirations d'un esprit indépendant et le sentiment passionné de la mission de sa race (Très bien! très bien!) maintenait, avec une obstination que l'isolement n'a jamais fait fléchir, les traditions de sa cause et de son nom.

C'est la tactique ordinaire des diffamateurs dont le Prince Napoléon a le privilège d'irriter la violence, de le représenter comme un adversaire de l'Empereur Napoléon III, de celui dont il reçut tout enfant les premières leçons et qui ne cessa de lui témoigner l'affection la plus tendre. (Applaudissements.) Je ne veux pas refaire l'histoire du second Empire. Il me serait facile, plus facile qu'on ne pense, à l'aide de documents qui ne seraient pas sans originalité, de redresser l'opinion publique sur certains dissentiments assez bruyants et dont la calomnie a singulièrement abusé.

Mais on ne me contredira pas, je l'affirme, quand je rappellerai que jamais l'intimité entre l'Empereur et le Prince Napoléon ne fut plus cordiale que pendant les trois dernières années de cette vie dont la souffrance, la calomnie et l'exil ne purent altérer la sérénité. Leurs rapports étaient si étroits, ils avaient sur l'avenir de cette démocratie à laquelle l'ancien régime venait de jeter un nouveau défi, des vues si semblables, la politique qui se dégageait de ces nécessités nouvelles leur apparaissait si clairement indiquée à tous deux, que l'Empereur n'hésita pas à écrire au Prince Napoléon comme au plus sûr confident de ses pensées : « Je recommanderai à tous mes amis de « soutenir ton élection, non seulement en Corse, « mais dans tous les départements où tu aurais « chance d'être élu. » —Venez donc arracher cette lettre des mains du Prince Napoléon, vous tous qui ne craignez pas d'invoquer contre lui cette chère mémoire ! (Triple salve d'applaudissements.)

L'Empereur mourut avant les dernières crises qui amenèrent le 24 mai. Il mourut, jetant sur cette assemblée dans laquelle il retrouvait sa vieille ennemie de la rue de Poitiers, ce regard profond qui allait bien au delà des prévisions de ses amis. (Sensation profonde.) Gardez-vous de croire que je veuille adresser la moindre critique à la direction éminente qui prit alors au parlement et dans le parti, une autorité si légitime et si imparfaitement obéie. Nous ne devons pas oublier, au contraire, avec quelle sagacité elle maintint intacte la doctrine plébiscitaire. « Nous n'avons pas voulu « confondre notre bannière avec celle des autres « partis, écrivait l'organe officiel de l'Appel au « peuple, nous avons marché parallèlement. »

Mais l'inefficacité de cette action parallèle apparut bientôt à tous les yeux. Les projets de restauration, que le 24 mai avait provoqués et encouragés, s'étalaient en plein jour. Les négociations avec le représentant de la royauté étaient publiquement conduites par les délégués de la majorité. Le roi faisait préparer ses carrosses (on rit) et se disposait à y monter, dit-on, avec l'habit bleu surmonté des fameuses épaulettes qui avaient en 1815 si cruellement blessé les vieux maréchaux de l'Empire. L'émotion était vive parmi les députés de l'Appel au peuple, dont quelques-uns commençaient à regretter hautement le concours qu'ils avaient donné à une coalition qui ne prenait plus la peine de dissimuler ses desseins.

Je relisais hier encore la lettre que M. Rouher écrivait au président du groupe de l'Appel, au baron Eschassériaux, ferme et vaillant entre tous, pour provoquer une réunion. « Nous sommes « appelés, s'écriait M. Rouher, à défendre l'œuvre « de nos pères, la société moderne. » Et le 25 octobre, dans une protestation énergique, les députés de l'Appel au peuple, rappelant les droits méconnus de la souveraineté nationale, disaient encore: « Nos institutions politiques doivent avoir pour « base, non quelques voix de majorité, mais des « millions de suffrages. » Depuis quelques jours déjà un homme de cœur avait pris dans le *Gaulois* l'initiative d'un grand pétitionnement qu'il appelait courageusement : « La Ligue de l'Appel au peuple. »

Calme, résolu et conséquent au milieu de l'effarement général, le Prince Napoléon jugea que ces efforts seraient insuffisants, que ces protestations resteraient vaines si on ne les appuyait pas par un acte. En face de cette tentative qu'il considérait comme un péril commun pour tous les partisans de cette société moderne dont M. Rouher venait de rappeler les droits, il pensa qu'il ne restait plus qu'un parti à prendre, c'était de réunir dans une coalition défensive tous les serviteurs de la souveraineté nationale, et bravement il signa ce qu'on est convenu d'appeler le *Pacte d'alliance.* — Le Pacte d'alliance, messieurs, qui a fait si grand bruit, qui lui a été si violemment reproché et qui n'était en définitive que l'application logique du principe de l'Appel au peuple, dont on ne peut pas cependant faire le patrimoine exclusif d'un parti, et qui appartient aux républicains au même titre qu'à nous mêmes.

Ai-je besoin de rappeler qu'un seul homme parut alors donner raison au Prince Napoléon; cet homme, messieurs, ce fut M. le comte de Chambord en personne; c'est lui qui se chargea de démontrer, en effet, que le drapeau blanc, quoi qu'on en eût dit, était toujours une réalité menaçante et que son impopularité était telle qu'il suffisait de le montrer pour mettre en fuite la majorité royaliste elle-même. (Applaudissements.)

Jusque-là, vous le voyez, messieurs, le dissentiment entre le Prince Napoléon et le parti ne portait que sur une question de conduite; il n'y avait entre la lettre de M. Rouher, la protestation des députés et le Pacte d'alliance, que la distance qui sépare un acte d'une déclaration.

Mais quand les bonapartistes du parlement eurent vainement essayé de réduire la durée des pouvoirs du maréchal, qui rejetait à sept ans leurs espérances, quand leur proposition d'Appel au peuple eut été repoussée par l'Assemblée, quand le Prince Impérial eut consenti, dans son discours pour la fête de sa majorité, à donner au maréchal un témoignage de confiance dont celui-ci devait se montrer si peu digne ; quand le parti bonapartiste, après de si constants et de si louables efforts, fut devenu un des alliés acceptés, reconnus, accrédités du septennat, oh ! alors, il faut bien le dire, la divergence porta sur les principes eux-mêmes. Le Prince Napoléon ne voulut à aucun prix et dans quelque mesure que ce pût être accepter la solidarité de la réaction royaliste et continua sa campagne d'opposition. Combattu en Corse dans des conditions qu'il ne me sied pas de rappeler, battu d'abord, élu ensuite, on le vit s'asseoir à la Chambre dans cet isolement recueilli qui n'est pas nouveau dans l'histoire des siens, et assister impassible à la lutte de ces forces ennemies dont le choc a toujours marqué l'heure des grands pacificateurs. (Très bien ! très bien !)

Quand vint le 16 mai, conséquent avec lui-même, convaincu que le parti bonapartiste, après avoir, selon lui, méconnu ses traditions et ses principes, allait à l'échec et au discrédit, avec cette obstination d'un esprit sûr de sa route, il vota simplement contre le ministère qui venait apporter à la Chambre le décret de dissolution. C'est par ce vote qu'on l'a classé parmi les 363, dont il ne signa aucune déclaration collective ni aucun appel au pays.

Je ne sais, messieurs, si j'ai atteint le but que je me proposais. J'ai voulu, en historien fidèle, vous montrer comment le parti bonapartiste et le Prince Napoléon, animés assurément d'un même dévouement à la cause commune, ont été amenés à suivre deux directions contraires, et comment tandis que le parti allait planter son drapeau à côté du drapeau royaliste, le Prince n'hésitait pas de son côté à confondre son vote avec celui des républicains, pour résister avec eux, au nom d'un principe commun, à l'entreprise du 16 mai et des royalistes.

Eh bien, c'est à l'heure même où l'écart entre ces deux politiques avait pris aux yeux de l'opinion publique le caractère aigu d'une rupture qu'éclatait, comme un coup de foudre, cette effroyable nouvelle qui brisait nos cœurs et mettait la France en deuil. Ce jeune Prince que nous avions vu si alerte et si vaillant, et dont la confiance radieuse avait fini par avoir raison de nos anxiétés, venait de tomber dans une horrible embuscade, — de tomber en Français et en Napoléon, un contre vingt et faisant tête à l'ennemi ! (Applaudissements chaleureux.) Le Prince Napoléon devenait donc, de par le sang, de par les constitutions de l'Empire et de par le peuple, le représentant de l'hérédité napoléonienne et le chef de ce parti dont la politique était depuis cinq ans en contradiction ouverte avec la sienne. (Sensation.)

Je reste confondu, je vous l'avoue, quand j'entends quelques-uns de nos amis se lamenter sur les difficultés qui ont semblé faire obstacle à la reconstitution du parti autour de son nouveau chef, et quand je me reporte aux dissentiments anciens, quand je me rappelle les vivacités, les récriminations violentes, les diatribes injurieuses d'un temps si près de nous, je me surprends, au contraire, a admirer la vitalité d'un parti qui peut résister à de telles épreuves. (Très bien ! Très bien !) Voyez ce qui se passe depuis que le Prince Napoléon est à notre tête. S'est-on jamais tant occupé de nous? Ouvrez les journaux ennemis et surtout les journaux royalistes. Ils nous enterrent tous les soirs (on rit); mais nous avons une puissance de résurrection que rien ne lasse, et régulièrement nous renaissons de nos cendres tous les matins. Je ne crois pas, qu'en aucun temps, les morts aient à ce point inquiété les vivants. (Rires et bravos.)

Quant à moi, je vous l'avoue, c'est ailleurs, dans les inquiétudes de nos adversaires, que je puise mon inébranlable confiance dans la cohésion triomphante de la démocratie napoléonienne. Je disais, il y a quelques jours, dans un journal où j'écris quelquefois : Nous ne sommes pas un parti, nous sommes une cause. (Très bien!) Eh bien, savez-vous quand et comment nous serons étroitement et définitivement unis? Nous serons unis le jour où le parti bonapartiste reconnaîtra que le Prince Napoléon est resté fidèle aux traditions historiques de la cause, le jour où il reconnaîtra que les traditions historiques de la cause répondent avec une actualité saisissante aux nécessités imminentes d'une situation qui se développe sous nos yeux.

Ah! les événements qui s'avancent se chargeront bien de le démontrer aux plus incrédules; et déjà ne retrouvez-vous pas dans l'abaissement des caractères, dans le délabrement des pouvoirs publics, dans le dévergondage de la spéculation, dans l'audace des revendications radicales, dans les déceptions amères de tous les déshérités qui ont cru à l'humanité de la république opportuniste, ne trouvez-vous pas, jusque dans ce défi outrecuidant jeté à la société civile par le royalisme, plus audacieux qu'en aucun temps, d'étranges et de mystérieuses analogies? (Sensation.)

Quand Baudin, le député des Ardennes, apprit que le général Bonaparte venait de débarquer à Fréjus, il en éprouva une joie si vive que son frêle tempérament ne résista pas à l'émotion. On raconte qu'il expira en disant : « Je meurs tranquille, la révolution est sauvée! » Ce mot exprimait le sentiment général.

La Révolution, — et vous ne vous méprenez pas je l'espère, sur le sens que nous donnons à ce mot, nous tous qui tenons haut et ferme le drapeau de l'ordre public, — la Révolution n'était pas menacée seulement par cette anarchie sanglante vers laquelle nous ramenait le Directoire imbécile, mais elle l'était aussi par la faction royaliste que fructidor avait abattue sans la décourager, et dont le triomphe annoncé comme le terme fatal de l'orgie révolutionnaire, prenait le caractère d'un insupportable défi jeté aux intérêts nouveaux. La Vendée était en feu. Barras traitait avec le prétendant. « La « république est menacée par les anarchistes et « par le parti de l'étranger, » s'écriait un orateur au conseil des Cinq-Cents. Les soldats que Bonaparte confiait à Moreau refusaient de lui obéir, parce que, disaient-ils, dans la journée de fructidor, Moreau avait été un patriote douteux; vous savez ce qu'en ce temps-là on appelait un *patriote*. Lucien Bonaparte ne se faisait applaudir de la foule qu'en accusant les perturbateurs de servir les intérêts des rois coalisés.

Le général Bonaparte n'apparut pas seulement comme l'instrument de la réaction; il fut salué comme le défenseur des principes que la Révolution avait inaugurés, comme le protecteur des intérêts qu'elle avait fondés ; il fut acclamé comme le conciliateur et le régulateur suprême, il fut l'ordre nouveau, messieurs, c'est-à-dire l'ordre fondé sur la révolution disciplinée et moralisée. (Applaudissements.) Et ne vous y trompez pas, l'histoire est là pour en porter témoignage. La réaction livrée à ses seules forces est incapable de susciter un gouvernement réparateur. Quand elle est violente, elle tombe dans l'impuissance et dans l'isolement. Quand elle est timide, elle se perd dans les transactions et dans les compromis. Il faut, pour qu'un gouvernement fort sorte des entrailles mêmes de la démocratie, que les forces hostiles qui s'agitent en elle se heurtent et se combinent en se neutralisant ; ce qui a toujours donné aux Napoléons cette féconde énergie pour le bien public, c'est qu'ils apparaissent toujours comme la commune garantie des intérêts que la Révolution menace, et des droits que la réaction compromet. (Applaudissements chaleureux.)

L'histoire de 1830 serait à ce point de vue curieuse à méditer. (Ecoutez! écoutez!) Je ne veux pas m'égarer dans les hypothèses et rechercher si la présence d'un Napoléon n'eût pas modifié le dénoûment de la Révolution de juillet. Je ne veux pas refaire après tant d'autres l'histoire de ce libéralisme qui n'était parlementaire qu'en haut, mais qui, pour la masse de la nation, n'était qu'une forme nouvelle du sentiment napoléonien et comme la revanche de 1815. Mais si le roi Louis-Philippe fut un conciliateur efficace, n'est-ce pas parce qu'il avait donné des gages à la Révolution, dont il avait porté la cocarde et servi le drapeau? Ah! comme il le comprenait bien, ce roi sagace et avisé, quand il choisissait le jour de sa fête pour placer sur la colonne Vendôme l'homme à la redingote grise et au petit chapeau, et quel spectacle curieux que ce Bourbon, que l'on traitait aussi de Bourbon déclassé, se découvrant au cri de vive l'Empereur! et inclinant son front devant le cortège triomphal qui portait aux Invalides les cendres du vainqueur des rois. (Salve d'applaudissements.) Pendant dix-huit ans, de grands esprits, des hommes d'Etat éminents qui furent l'honneur de ce pays, la gloire de la tribune française, ont usé leurs forces à faire au roi de Juillet une quasi-légitimité. — Ils y réussirent, et quand l'œuvre fut accomplie, il suffit de quelques émeutiers pour renverser, en pleine paix et en pleine prospérité ce trône que la Révolution avait élevé et qui était infidèle à son origine. (Très bien! très bien!)

Croyez-vous qu'en 1850, le Prince Louis-Napoléon eût été porté au pouvoir suprême par cet irrésistible courant de l'opinion si l'on n'avait vu en lui que le représentant de la réaction qui cherchait un maître? Ce qui fit la force du Prince-Président, messieurs, ce ne fut pas seulement son nom et la légende, c'est la haine des royalistes déçus, qui avaient espéré faire de lui l'instrument de leurs desseins et dont l'hostilité le désigna à la confiance du peuple.

Le Prince Louis-Napoléon, comme le premier consul, fut salué non seulement comme le protecteur des intérêts menacés, mais aussi comme le gardien des droits populaires. Et croyez-vous que ce peuple de Paris, que traitent si mal les historiens rouges de décembre, ce peuple si ombrageux et si prompt à la défense de ses droits, fût resté sourd à l'appel de ses représentants? croyez-vous qu'il se fût écarté pour laisser passer la force, s'il n'avait pas eu, lui aussi, le sentiment des traditions historiques, s'il n'avait pas compris qu'il trouverait dans ce Napoléon que les royalistes se préparaient à mettre à Vincennes, plus de garanties que chez tous les rhéteurs parlementaires? Comme en 1799, comme en 1830, c'était encore quatre-vingt-neuf qui se défendait et qui barrait la route à l'ancien régime. (Triple salve d'applaudissements.)

Si telle nous apparaît la cause napoléonienne quand on l'étudie aux lumières de l'histoire, quelle est-elle quand on essaye d'en pénétrer la doctrine et d'en dégager les principes essentiels? Je n'en puis relever, messieurs, que quelques traits principaux, — car j'ai trop présumé de mes forces en essayant de resserrer dans ce discours un si vaste sujet.

Elle est d'abord la négation éclatante du parlementarisme, de ses usurpations et de ses hypocrisies. (Très bien!) Entendons-nous cependant sur ce point, car je ne voudrais pas que vous me confondissiez avec ces utopistes qui croient qu'un grand pays comme la France, émancipé depuis bientôt un siècle, peut vivre sans débattre librement ses intérêts. Le régime parlementaire appliqué aux pays qui acceptent encore la direction d'oligarchies puissantes et éclairées offre assurément des garanties et des avantages que, pour mon compte, je suis loin de dédaigner. Il ne crée pas les classes dirigeantes, comme l'ont espéré la plupart des politiques de l'école doctrinaire; il en est la conséquence, l'expression nécessaire, et leur assure une prépondérance que justifient une longue habitude des affaires publiques, le respect des traditions et le souci éclairé des intérêts du pays.

Appliqué à une démocratie centralisée comme la France, il aboutit nécessairement à la confiscation déguisée de la souveraineté nationale; il crée artificiellement une classe d'exploiteurs que le flot électoral porte au pouvoir et que le flot suivant emporte, pour qui la politique est une aventure et l'influence parlementaire une spéculation. La députation devient pour eux une carrière dont la réélection est le but. Obligés de concilier les engagements les plus téméraires du candidat avec les exigences d'un gouvernement dont le député se ménage les faveurs, ils deviennent tour à tour exigeants ou serviles, vivent de tâtonnements, de transactions et d'ajournements, et leur timidité, plus dangereuse que leur audace, nous conduit à la décomposition progressive de toutes les forces sociales du pays. Le pouvoir exécutif qu'ils ont élu, languit dans leur dépendance, et son irresponsabilité, qui l'isole du peuple, réduit celui qui l'exerce à n'être plus que le fonctionnaire le mieux payé de la république, — heureuse la république, si son premier magistrat n'a point de frères à caser, et s'il est assez imprévoyant ou assez désintéressé pour ne pas capitaliser sa présidence! Telle est, messieurs, le parlementarisme appliqué à la démocratie! (Triple salve d'applaudissements.)

Notre principe fondamental à nous c'est la responsabilité du chef du pouvoir exécutif devant le peuple et par conséquent l'intervention du peuple dans la création de ce pouvoir modérateur et régulateur dans lequel se concentre sa souveraineté. Empire, Consulat, République sont autant de formes dérivées de la souveraineté nationale, qui ne peuvent régler l'activité d'une démocratie comme la nôtre que par cette délégation souveraine qui seule peut dominer les partis et maintenir, dans le corps social, cet esprit de discipline qui n'est en somme que le respect de la liberté d'autrui.

Dans les monarchies constitutionnelles, ce sont les partis qui gouvernent, sous la garantie de la couronne qui les domine au nom d'un principe supérieur à la volonté du pays. Dans une démocratie, où toute souveraineté émane du peuple, c'est le peuple qui constitue cette garantie suprême par un acte de sa souveraineté. L'ordre et la liberté sont à ce prix. Les Constituants improvisés de 1875 ont donc commis la plus coupable des usurpations en enlevant au peuple, pour le donner au parlement, le droit de choisir celui qui est chargé de maintenir les partis dans la sphère de leur activité légitime. (Très bien, très bien.)

OEuvre inutile et vaine cependant si l'on veut y regarder de près. Elu par une majorité parlementaire, le président doit, quoi qu'en puisse dire la Constitution, suivre le sort que le pays fera à la majorité elle-même; et je défie M. Grévy, quelles que soient les ressources de son inertie et de son insignifiance, de résister à des élections qui le placeraient en face d'une majorité nouvelle. Le voyez-vous invoquant un mandat puisé dans la confiance de ceux à qui le pays viendrait de retirer la sienne. Et c'est ainsi que nous sommes amenés nécessairement à choisir entre ces deux systèmes, les seuls qui puissent être appliqués à une démocratie: ou bien une Chambre souveraine, gouvernant par un président toujours révocable et responsable devant la Chambre; ou bien un président élu par le peuple et responsable devant le peuple; — le système conventionnel ou le système plébiscitaire. Toute autre combinaison n'est qu'une misérable contrefaçon de la monarchie constitutionnelle, un je ne sais quoi d'informe et d'incohérent tout pareil à la constitution qui nous régit. (Très bien! très bien!)

C'est sur cette question, laisssez-moi le dire en passant, que portera probablement l'effort de la lutte dans les élections qui vont venir. Quelques-uns d'entre nous, pour avoir rappelé ces principes avec une intrépidité éloquente, ont été dénoncés comme suspects de zèle républicain. Pas d'équivoque, sur ce point, messieurs, en ce qui me concerne tout au moins. C'est sous le drapeau de l'Appel au peuple que je suis entré dans vos rangs, c'est sous ce drapeau que j'entends rester. (Applaudiseements.) S'il en est qui le dédaignent ou qui le renient, moi je le salue comme le signe visible du dévouement de ce parti qui porte depuis dix ans le poids de la bataille, dont on peut discuter ou critiquer quelquefois la politique, mais qui n'en rèste pas moins la réserve fidèle autour de laquelle viendront se ranger les nouvelles recrues; je le salue comme le symbole de nos espérances, de notre union et de notre foi. (Applaudissements.)

Mais si la république, dégoûtée des sophistications orléanistes, voulait comprendre enfin que l'heure est venue de faire au peuple la place qui lui revient dans nos institutions, si la république, rompant avec l'école parlementaire, prenait enfin le parti de substituer à cette piteuse contrefaçon d'un roi constitutionnel, un pouvoir exécutif responsable, émanant du suffrage universel, notre premier devoir ne serait-il pas de lui prêter notre concours.

La raison le conseille et le patriotisme l'exige. Eh quoi! on aurait trouvé bon jusqu'ici, sous l'inspiration d'une haine commune, de s'allier à ceux qui sont les adversaires déclarés de tous nos principes, et l'on serait blâmé de s'entendre aujourd'hui avec ceux qui poursuivraient l'application d'un principe qui est pour nous le principe fondamental. Ah! gardons-nous, messieurs, de rétrécir ainsi la plate-forme électorale, et n'hésitons pas à dire bien haut: ceux-là sont avec nous qui, répudiant à la fois et les violents dont l'unique passion est de détruire ce qui est, et les madrés dont l'unique préoccupation est de le faire vivre, pour en vivre, (Très bien!) reconnaissent qu'entre les révolutionnaires blancs et les oportunistes roses il y a place pour tous les bons citoyens qui veulent loyalement reviser la constitution et replacer enfin le pouvoir exécutif sur des bases logiques et vraiment démocratiques. (Très bien! très bien!)

Ah! messieurs, que je voudrais, avant de vous quitter, faire passer dans vos âmes la confiance que m'inspire l'issue d'une lutte engagée sur ce ferme terrain!

Ne sentez-vous pas autour de vous les symptômes d'une lassitude générale, qu'il faut se garder de confondre avec ces réactions passionnées sur lesquelles comptent étourdiment les partis excessifs. Ce pays dans lequel, grâce à Napoléon Ier et à Napoléon III, la terre et la rente sont dans toutes les mains, aime assez, croyez-moi, faire l'économie des secousses profondes. Traitons-le selon ses forces et selon les exigences d'un tempérament que dix ans de centre gauche et d'orléanisme ont affaibli.

Eh bien, plaçons-nous en face du mal, de ce mal qui corrompt toutes les forces vives du pays, qui vicie toutes les sources de l'activité nationale, et soignons-le, si je puis dire, en praticiens expérimentés, par les moyens qui sont dans nos mains. Le mal, c'est l'anarchie parlementaire, entretenue par une oligarchie d'émeutiers parvenus. Oui, ce sont les émeutiers repus qui se sont constitués à l'état de classes dirigeantes et qui ne veulent pas lâcher leur proie. (Très bien! très bien!) Ils la lâcheront quand nous aurons rétabli dans le mécanisme constitutionnel le rouage essentiel qui lui manque, et que les orléanistes ont supprimé. C'est là, messieurs, la politique du bon sens et de la sagesse.

Croyez-moi, les esprits violents auront tort devant le suffrage universel, et nous serions impardonnables de renier, par notre violence, cette tradition constante qui a été fixée par l'inépuisable bon sens de Napoléon Ier. Et tenez, dans toutes les difficultés qui naissent de la politique courante, voyez comme la force des choses nous ramène à ce rôle de modérateurs.

Les consciences sont cruellement alarmées. Savez-vous pourquoi? Parce que ce gouvernement, sans autorité et sans indépendance, paraît incapable d'appliquer la loi sans agiter le pays, de même qu'il ne savait pas, il y a huit jours, réprimer quelques braillards sans avoir recours à des moyens de violence. On sent bien que la faiblesse de ses agents et sa propre faiblesse le livreront peu à peu à ces jacobins oppresseurs qui voudraient faire de leur athéisme une doctrine d'Etat.

Croyez-vous qu'ils leur résistent utilement, croyez-vous qu'ils aient avec eux le concours de l'opinion publique, ceux qui, foulant aux pieds les principes essentiels de la société civile, qui bravant les prescriptions les plus élémentaires de notre droit public, s'allient avec ce parti impopulaire qui parle de liberté quand il est dans l'opposition, et qui fait la loi du *sacrilège* quand il est au pouvoir, et dont la protection compromettante a fait plus de mal à la religion que tous ses ennemis? Ne vaut-il pas mieux, comme l'a fait le Prince Napoléon, dans sa lettre du 5 avril, se placer par avance sur le terrain du Concordat, que les radicaux commencent à trouver incommode et qui sera avant peu la suprême garantie de la liberté religieuse? (Très bien! très bien!) J'espère que sur cette question je ne saurais être suspect. J'ai été le premier à ouvrir le feu, à Paris, dans de grandes réunions populaires, contre le conseil municipal et à défendre les minorités opprimées par les iniquités du laïcisme officiel, dont la gratuité fait un monopole intolérable. (Applaudissements.) Je n'ai rien à retirer de ce que j'ai dit alors, et ce que j'ai fait je le referais encore. (Bravos répétés.)

L'opportunisme ferme toutes les carrières et décourage toutes les ambitions, en exigeant de nouveaux quartiers de noblesse républicaine; — de même qu'il fallait autrefois faire la preuve de 1500, il faut aujourd'hui faire la preuve de septembre. (On rit.) C'est, vous le savez, la croisade de ces messieurs. (Hilarité générale.) Eh bien ! nous n'avons qu'à nous souvenir de notre passé, pour prendre devant ce pays, qui ne veut plus de ces classifications, l'engagement d'appeler à nous tous les concours sincères et d'effacer la trace des anciennes inimitiés. Ouvrons nos rangs, messieurs, et n'oublions pas que le premier Consul, qui était un maître dans l'art de gouverner les hommes, fit asseoir dans ses conseils Réal, l'ancien substitut du procureur de la Commune, à côté du comte de Ségur, ancien ambassadeur du roi auprès de la grande Catherine.

L'Empire est par excellence un gouvernement ouvert, car son principe l'y oblige, et lui seul est assez fort pour n'en pas redouter les applications.

C'est ainsi, pour ne prendre que ces deux exemples, c'est ainsi que nous resterons fidèles à la cause, à sa doctrine, à ses principes; c'est ainsi que la cause attirera et absorbera peu à peu le parti, c'est ainsi que le Prince et le parti s'uniront enfin dans le sentiment intime de la cause. — C'est mon inébranlable espérance et je ne veux pas donner d'autre conclusion à ce discours. (Très-bien! très bien !)

Un dernier mot, et je termine, messieurs.

Ne craignez pas, ne craignez jamais qu'en suivant la politique dont vous m'avez permis aujourd'hui de planter quelques jalons, vous puissiez être accusés de désavouer votre passé, de dissimuler vos sympathies et de déguiser vos préférences. Quel est l'homme de sens, pour peu qu'il ait étudié notre histoire, qui ne reconnaisse ici l'œuvre traditionnelle des Napoléons, — cette œuvre que les Napoléons ont poursuivie, sous des titres divers, et qu'ils reprendront, Dieu merci, dans les conditions qu'il plaira au peuple de leur imposer. — Je n'aurai pas perdu mon temps et vous ne regretterez peut-être pas celui que vous m'avez consacré, si j'ai réussi à vous montrer la mystérieuse convenance qui vient de s'établir entre l'œuvre et l'ouvrier.

Je vous ai dit ce qu'était l'œuvre, messieurs, j'ai respectueusement essayé de montrer ce qu'était l'ouvrier. L'avenir — un avenir prochain — vous dira le reste. (Applaudissements répétés. — L'orateur, en regagnant sa place, reçoit les félicitations chaleureuses de toutes les personnes qui sont sur l'estrade.)

2415. Paris. Imp. Laloux fils et Guillot, 7, rue des Canettes.

19

www.ingramcontent.com/pod-product-compliance
Lightning Source LLC
LaVergne TN
LVHW010303230826
846091LV00007BB/2685

* 9 7 8 2 0 1 1 7 6 6 3 3 5 *